Le piú belle storie di

NATALE

di Gianni **Rodari**

Progetto grafico di Gaia Stella

Testi tratti da: *Il gioco dei quattro cantoni* (1980), *Filastrocche per tutto l'anno* (1986), *Filastrocche in cielo e in terra* (1960), *Fiabe lunghe un sorriso* (1987), *Prime fiabe e filastrocche* (1949-1951), *Il libro dei perché* (1984), *Il secondo libro delle filastrocche* (1985, 1996), *La Freccia Azzurra* (1964), *Agente x.99: storie e versi dallo spazio* (1996) di Gianni Rodari

ISBN 978-88-6656-701-1

www.edizioniel.com
www.100giannirodari.com

Il libro è stato pubblicato nel 2010 da Emme Edizioni
con le illustrazioni di Alistar e il titolo *Storie e filastrocche di Natale*.

Fabbricato da Edizioni EL S.r.l., via J. Ressel 5, 34018 - San Dorligo della Valle (Trieste)
Prodotto in Polonia

Le piú belle storie di
NATALE

di **Gianni Rodari**

ILLUSTRAZIONI DI **ANGELO RUTA**

Einaudi Ragazzi

Il giorno di Natale

Un giocattolo per NATALE

C'era una volta un signore che era uscito per comprare giocattoli da regalare il giorno di Natale ai suoi figli e nipoti… Ma non facciamola tanto lunga e complicata: quel signore ero io, che poi non sono un signore. Eccomi dunque a vagare di negozio in negozio, a sospirare di vetrina in vetrina, sempre piú incerto, sempre piú confuso. Ero partito con l'orgoglioso proposito di comprare ai ragazzi i giocattoli che io stesso avevo desiderato da bambino, senza mai riuscire a farmeli regalare. Ma quei giocattoli, ora, non esistevano piú. O erano relegati negli angolini e nei sottoscala a coprirsi di polvere. In primo piano e in prima linea apparivano giocattoli nuovi, per me assolutamente misteriosi. Non capivo che cosa fossero, come potessero funzionare e divertire. Forse, prima di uscire, avrei dovuto frequentare un corso sul giocattolo moderno, piú che altro elettronico. Ma una scuola del genere, dove genitori e nonni potessero rifare i loro studi e informarsi sui gusti dei loro figli e nipoti, cresciuti nell'era atomica, promossi a mercato dell'industria internazionale del giocattolo, questa scuola esisteva o no?

– Venga, – disse una vocetta, – entri, si guardi in giro, non stia lí a mettere radici sul marciapiede.

La voce proveniva da un ometto sbucato da uno stretto e basso botteghino senza vetrina. Chi sa da quanto tempo mi ero fermato in quel punto, dopo ore d'inutile vagabondaggio, chi sa da quanto mi studiava lo strano omuncolo sorridendo dietro i suoi occhialoni, l'unico oggetto grande di una faccina in cui tutto era piccolo: gli occhi, il naso, la bocca, i baffetti, il pizzetto nero sul mento.

– Ma lei vende giocattoli? – domandai sospettoso.

– Forse, – rispose l'ometto. – Se qualcuno li compra, io li vendo.

– Mi faccia un po' vedere.

Entrai nel bugigattolo, nel quale c'era posto solo per due sgabelli di legno e per uno scaffaletto su cui erano disposte quattro o cinque minuscole scatole.

– Scusi, – dissi, – ma non vedo giocattoli.

– Ora li vedrà.

L'omino aprí una delle scatolette e ne trasse un apparecchio che a prima vista mi sembrò un normale telecomando per manovrare a distanza il televisore, con i pulsanti per accendere e spegnere, cambiare i canali, variare il volume, regolare il colore.

– Quest'affare sta già in tutte le case, – borbottai scontento, – non penserà mica che per un bambino possa rappresentare una sorpresa?

– Lei crede? – sorrise l'ometto. – Schiacci un po' uno di questi pulsanti. Il numero dodici, per esempio.

Nello stesso istante in cui, tanto per provare, premevo il bottoncino indicato, mi parve di avvertire nel sorriso del negoziante qualcosa di poco rassicurante… Ma ormai…

… Ma ormai l'ometto, la botteguccia, quell'angolo di Roma, tutto ciò che mi stava intorno un momento prima, era scomparso. Mi trovavo ancora seduto, ma non piú su uno sgabello di legno, bensí su una sedia a sdraio e la sedia era collocata sul ponte piú alto di un bianco battello, e il battello scivolava in mezzo ad un fiume largo e solenne, tra due rive boscose.

«Che il Tevere sia diventato navigabile?» mi domandai.

Ma subito afferrai l'insensatezza della domanda. Sulle rive del Tevere ci sono cupole e palazzi, non boschi. Un marinaio veniva nella mia direzione reggendo un vassoio su cui torreggiava una bottiglia d'acqua minerale accanto a un bicchiere.

– Siete sicuro, cittadino, di non volere anche cento grammi di vodka? – mi chiese il marinaio, posando il vassoio su un tavolino.

– No, grazie, non bevo mai alcolici, di nessun tipo, – risposi.

E solo dopo aver risposto mi resi conto che il marinaio mi aveva rivolto la parola in russo, che in russo avevo parlato anch'io e che sulla bottiglia spiccava l'etichetta di una famosa acqua minerale sovietica. Del resto il tavolino laccato e dipinto su cui era posato il vassoio, e lo stesso vassoio nero a grandi fiori colorati, erano di quei piccoli gioielli dell'artigianato russo che si comprano adesso anche a Roma, nei grandi magazzini.

Dov'ero piombato, in nome del cielo e della terra?

Quasi a rispondermi, la riva sinistra del fiume, folta di neri abeti e di bianche betulle, cominciò a sollevarsi, una collina salí molto dolcemente verso la sua bassa cima e sulla cima comparve, tra gli alberi, una chiesa ortodossa, con le sue tipiche cupole a cipolla. Dopo la chiesa la collina riprese a scendere, forse di un metro al chilometro, la riva prese a curvare, apparve un lungo abitato di casette di legno a un piano. Ancora pochi minuti e il battello passò senza fermarsi davanti a una stazione fluviale su cui si leggeva un nome: «Mysckin».

Mysckin? Non si chiamava cosí il giovane e candido principe di cui il grande Dostojevski aveva fatto il protagonista del suo romanzo *L'idiota*? Ma se esisteva un villaggio di questo nome, non poteva esistere che in Russia! Ecco dove mi trovavo. E il fiume su cui navigavo era il Volga: anzi, la Volga, come si dovrebbe dire, dal momento che il nome di quel fiume, in russo, appartiene al genere femminile.

Cosí riflettevo, confuso ed emozionato, quand'ecco

che ripassò il marinaio dell'acqua minerale. Era per me il momento di chiamare a raccolta le mie scarse conoscenze della bellissima lingua russa per saperne di piú.

– Quale sarà, – domandai, – la prossima fermata?

– La città di Rhybinsk, – rispose il marinaio. – E domani saremo a Kazagn, e dopodomani a Ulianovsk, già Simbirsk. Tre giorni ancora e saremo ad Astrakan.

«Ecco, – conclusi mentalmente in italiano, – per ora ci troviamo dunque sul Volga, o sulla Volga, del Nord. Ma che cosa mi accadrà da questo momento è inutile che io lo chieda a quel gentile marinaio o al suo capitano, o ai soldati che cantano sul ponte inferiore, o alla bella ragazza che studia la riva con il binocolo...»

– Ha visto? – fece l'ometto, fregandosi le mani. Ero di nuovo con lui, nella strana botteguccia della Roma barocca. – Scusi se l'ho richiamata tanto presto. Il fatto è che mi dispiacerebbe se lei non esplorasse tutte le possibilità del giocattolo prima di acquistarlo.

– Co… cosa diavolo mi è capitato?

– Niente di diabolico, signore. Lei ha semplicemente cambiato canale. Vuole ora visitare un altro canalino? Preferisce l'Asia o l'Africa? L'Australia le piace? Scelga lei, prego.

– Va bene, – balbettai stordito, – qual è il pulsante per New York?

– Il numero sette, signore.

– E per tornare, dipendo sempre da lei?

– Per carità! Guardi, basta che lei prema qui, dove c'è questa piccola «R». Buon viaggio, signore.

Sí, sí, eccomi a contemplare il panorama di New York dall'Empire State Building. Ed eccomi di ritorno a Roma, di fronte all'ometto. E poi eccomi a Singapore, a Buenos Aires, a Copacabana…

– Ho capito, – dissi all'ometto, – con il normale telecomando io cambio i canali sul video restando seduto nella mia domestica poltrona: con questo aggeggio sono io stesso che passo da un canale all'altro, da un punto all'altro del globo terracqueo. Ma è... è una cosa... Come mai non ne ho ancora sentito parlare?

– Cosa vuole, – fece l'ometto, – per il momento io sono il solo a produrre questo giocattolo e personalmente non amo la pubblicità. Ma presto, vedrà, i giapponesi me lo copieranno. Allora tutte le vetrine ne saranno piene, come già sono piene adesso di giocattoli elettronici «made in Japan».

– Può darsi, – dissi, – può darsi. Ma lei intanto si lasci dire che questo suo apparecchietto è una meravi-

glia. Pensi solo alla sua utilità pratica, a parte il divertimento, per i ragazzi che debbono studiare la geografia.

– Oh, se è per questo, anche per quelli che debbono studiare la storia.

– Non mi dica che …

– Ma sí, glielo dico. Anzi, glielo mostro subito. Finora lei si è spostato solo sui canali spaziali. Ma se io spingo questa levetta, ecco, l'apparecchio si sintonizza sui canali temporali.

– Una macchina del tempo?

– In un certo senso. Vuole provare? In che epoca le piacerebbe fare un salto?

– Hm… – feci riflettendo. – Sa, prima di andare in pensione ho insegnato il latino nei ginnasi licei. Non mi dispiacerebbe di vedere Giulio Cesare di persona, dopo aver tanto spiegato e fatto tradurre ai ragazzi i suoi testi immortali.

– Io preferirei Orazio, che sapeva godersi la vita. Ma se vuole Cesare, è tutto per lei…

Non starò a raccontare come mi trovai nella Roma antica proprio nell'anno, nel giorno e nel momento in cui quei noti fanatici malintenzionati offrivano a Cesare la corona reale.

– Cesare, – gridai con quanta voce avevo (in latino, s'intende), – non ti compromettere! Rifiuta! Ti rovineranno!

– Che vuole quello? – domandò Cesare a Bruto, che gli stava vicino.

– Forse vuole la corona per sé, – sghignazzò malignamente Cassio.

– Cesare, – tornai a gridare, – guarda che ti tradiscono. Hanno già affilato i pugnali. Aspettano le Idi di marzo.

– Ma cosa dice? E che razza di latino parla? – borbottò Cesare.

A sentir criticare il mio latino, dopo che per quaranta e piú anni mi ero sgolato per farlo imparare ai ragazzi, mi mancò la voce per replicare al dittatore. Il quale, del resto, si allontanava ridendo in mezzo ai suoi. A me si stavano facendo incontro un centurione e tre o quattro legionari con la spada in pugno.

– Allora vuoi la corona? Vuoi essere re di Roma? – esclamò uno di loro. – D'accordo, ma prima ci darai la tua testa perché possiamo incoronarla.

Cosí dicendo alzò il braccio armato. E a me non rimase che schiacciare il pulsante del ritorno al nostro secolo.

– Vedo che ha sudato, – disse l'ometto.– Faceva caldo a Roma antica?

– Lo compro, – dissi alzandomi in piedi. – Compro questo giocattolo e rinnego tutto ciò che ho detto fino a stamattina contro i giocattoli troppo sofisticati. Rinnego il cavallo a dondolo e i burattini.

– Si calmi, si calmi, – disse l'ometto. – Prima di comprarlo deve imparare a usarlo. Finora ha esplorato i canali spaziali e quelli storici. Non vuole esplorare quelli del futuro?

– Ah, volevo ben dire, ci sono anche quelli.

– Sí, e poi ci sono i canali interplanetari. Le darò il libretto con le istruzioni. Intanto non vorrebbe fare una capatina su Venere o su Marte? Le interessano gli spostamenti di Goldrake? Ha qualche preferenza tra le costellazioni?

Sí, ne avevo. Volli vedere da vicino Antares, la grande stella rossa che da ragazzo avevo nominato mia protettrice. Passeggiai per qualche minuto sugli anelli di Saturno. Arrivai in fondo alla nostra galassia per gettare uno sguardo sugli altri universi. Bastava che io premessi un pulsante e gli anni luce scivolavano sotto i miei piedi come un tappeto.

Sí; e vidi la Terra come sarà nel 200 000, ma non dirò nulla in proposito: non si rivela il nome dell'assassino a chi sta leggendo un libro giallo.

Al ritorno ero ormai innamorato di quel telecomando tanto ricco di poteri straordinari.

«Se non costa troppo, – pensavo, – ne comprerò

uno per Paolo, uno per Cecilia, uno per Luca e uno per Monica... E uno per me! Un giocattolo come questo può servire anche a un professore di latino in pensione».

– Su, – dissi all'ometto, – veniamo al dunque. Cioè al prezzo.

– Aspetti, signore, ci sono ancora dei comandi che lei non conosce.

– Davvero? Incredibile!

– Soprattutto ce n'è uno di cui vorrei mostrarle il funzionamento.

– Sono nelle sue mani, anima e corpo.

– Allora stia attento. Vede qui la fotocellula? E vede questo piccolo pulsante giallo, in basso a sinistra?

– Eccolo lí. Giallo. In basso a sinistra.

– Ora punteremo la cellula in direzione... di quel quadro sulla parete.

Soltanto allora notai il quadro appeso in fondo al negozio. Che poi non era nemmeno un quadro, ma una volgare oleografia, di quelle su cui sono rappresentate scene dell'opera lirica.

– Cos'è, il *Trovatore*? – domandai.

– No, no, il *Trovatore* non c'entra. Non vede che è il primo atto del *Mefistofele*?

– Ah, sí, ha ragione. Allora?

– Allora, ecco qua.

L'ometto puntò il telecomando in direzione del quadro e il *Mefistofele* scomparve dalla parete, lasciando l'intonaco ingiallito.

– Straordinario, – dissi, – e può farlo riapparire?

– Certo, – rispose l'ometto, – basta premere questo pulsante verde, qui in basso a destra.

Lo premette e il quadro riapparve.

– Stupendo. E dov'è stato?

– Cosa intende dire?

– Intendo: dov'è andato il quadro quando è scomparso? Su un altro canale?

– Immagino di sí, – disse l'ometto, – ma a me cosa

vuole che importi? Se lo voglio far scomparire, scompare; se lo voglio far ricomparire, ricompare.

– Hm... – commentai, perplesso. – E si può fare lo stesso con qualunque oggetto?

– Naturale. Altrimenti, a che servirebbe?

– E... – domandai, esitando un poco, – si possono far scomparire anche le persone?

– Certo, – disse l'ometto ridendo. – È questo il bello.

– Capisco, naturalmente, capisco che questo sia il bello. Ma, sa, si tratta di un giocattolo da regalare ai bambini...

– E con questo? Le pare che i bambini non abbiano mai voglia di far scomparire qualcosa o qualcuno?

– Ecco, per il «qualcosa» non avrei eccessive preoccupazioni. Al massimo Paolo, se non gli andrà di mangiare la minestra di verdura, la farà sparire dal tavolo senza preoccuparsi di farla riapparire. Monica manderà regolarmente su un altro canale gli spinaci. Le sarà noto, credo, che ai bambini in generale gli spinaci non piacciono.

– Dunque, via gli spinaci.

– Già, via gli spinaci. E la mamma…

– La mamma penserà che da qualche tempo Monica mangia gli spinaci a velocità supersonica e sarà contenta.

– No, volevo dire un'altra cosa. Supponga che Monica si arrabbi con la mamma e appena lei le volta le spalle la faccia sparire.

– Ebbene? Quando ne sentirà la mancanza, la richiamerà accanto a sé con una semplice pressione del dito.

– E supponga, – proseguii, – che il padre di Luca lasci andare uno scapaccione al figlio, come può succedere, e che Luca per tutta risposta prema il pulsante giallo in basso a sinistra.

– Il padre di Luca scomparirà, – rise l'ometto, – e Luca dirà: «Toh!». A lei piacevano gli scapaccioni, il piú delle volte ingiusti, che riceveva da suo padre?

– Poi, – dissi, senza rispondere alla sua domanda, – Luca andrà a scuola e se la maestra gli darà fastidio, la manderà in esilio in un altro canale per un po', finché se la sentirà di sopportarla di nuovo.

– Si rende conto, – fece l'ometto, – di quanti inutili fastidi procurano ai bambini gli adulti troppo opprimenti e autoritari?

– E lei si rende conto che il suo telecomando metterebbe nelle mani dei bambini un'arma terroristica senza precedenti?

– Ma quale arma! – strillò l'ometto, picchiando un pugno nella parete, – quale terrorismo! Il telecomando non ferisce né uccide. Non provoca né contusioni né escoriazioni, fa meno male della puntura di una mosca. Fa scomparire, non morire. E fa ricomparire con la stessa facilità.

– Morte e resurrezione garantita, – sogghignai.

– Per i ragazzi il telecomando sarà, semmai, un'arma di legittima difesa.

– Bravo! – esclamai, – e si divertiranno a giocare agli orfanelli abbandonati nel bosco, a scuola faranno ricreazione tutto il tempo, spediranno nel nulla libri e lavagne, insegnanti e bidelli, quaderni e registri con le cattive note in condotta.

– E questa prospettiva non le piace? Ma lei non sarà mica di quei pedagogisti che invocano il ritorno alla bacchetta e al gatto a nove code?

– Lasciamo stare la pedagogia, – dissi. – Mi spieghi almeno dove vanno a finire, sia pure temporaneamente, le persone che il telecomando fa sparire, sia pure provvisoriamente. In un altro canale, lei dice. Ma quale? Nella galassia o fuori? Nel nostro tempo o in epoche selvagge, tra i cannibali?

– Quanto a questo, – disse l'ometto, calmandosi, – non si tratta di un problema insolubile. Venga con me.

Uscimmo sulla strada. Eravamo nei pressi del Pantheon. A pochi metri da noi un vigile dirigeva il traffico.

– Ecco il soggetto che fa per noi, – disse l'ometto.

E prima che potessi impedirgli di condurre esperimenti su terze persone prima di chiedere loro se acconsentissero, puntò il telecomando sul vigile e lo fece sparire.

– Ma lei è matto! – sbottai. – Vuole causare qualche catastrofe stradale?

– Basteranno pochi secondi. Ecco, ne sono passati quindici. Faccio ricomparire il vigile. Lo guardi, è intero come prima, non gli manca né l'elmo né il fischietto. Vada lei stesso a chiedergli dove si è trovato nei quindici secondi della sua assenza dalla pedana.

Attraversai la strada di corsa, a rischio di finire sotto un autobus, afferrai il vigile per il braccio e gli chiesi, ansando: – Scusi, mi può dire dov'è stato un momento fa?

– Cosa?

– Per pochi momenti lei è mancato. In che canale si trovava?

– Ma mi faccia il piacere! Io sto qui da quattro ore, perché si sono dimenticati di darmi il cambio, e lei mi viene a parlare di televisione. Se ne vada, se non vuole una multa.

Inutile discutere con lui.

– Forse, – dissi all'ometto mentre rientravamo nel negozio, – la sua assenza è stata troppo breve, qualcosa come un semplice mancamento di coscienza, una piccola pausa nell'attenzione. Non ricorda niente.

– Vede? Non si è nemmeno accorto di essere scomparso. E lei si preoccupa per i bidelli. Si vede che la sparizione causata dal telecomando è come una sospensione nella catena del tempo e dello spazio. Una cosetta indolore e senza conseguenze.

– Sarà, – borbottai, – ma l'esperimento non mi sembra probante al cento per cento.

– Cielo, che pignolo è lei! Su rifacciamolo.

– Cosí il vigile ci darà la multa o ci denuncerà.

– Non abbiamo bisogno né di vigili né di pompieri. Sono qua io, no? Lei mi farà sparire per un paio di minuti, tre, cinque, non di piú, perché si sta facendo tardi, poi mi farà ricomparire e io le racconterò per filo e per segno dove sono stato.

– Mi sembra una proposta onesta, – dissi.

– E poi lei potrà comprare il suo giocattolo senza paura. D'accordo?

– D'accordo. Mi dia l'apparecchio.

– Tenga. E cerchi di non sbagliarsi: pulsante giallo per la sparizione, pulsante verde per il ritorno.

– Non sbaglierò. Ormai conosco questo aggeggio come le mie tasche.

– Aspetti, le darò io il segnale. Permetta che prima mi soffi il naso e mi pettini. Non vorrei apparire lassú, o laggiú, in disordine. Ecco, sono a posto. È pronto anche lei? Uno, due, tre…

Al «tre» premetti il pulsante e l'ometto scomparve. Al suo posto c'era lo squallido vuoto del negozietto.

E in quel momento, mentre fissavo quel vuoto, si fece strada irresistibilmente nel mio cervello il pensiero che stava ora a me, toccava a me di liberare il mondo dagli oscuri pericoli che lo minacciavano. Da me dipendevano la tranquillità e la sicurezza di migliaia, forse milioni, di genitori e nonni, zie e cugini, compagni di gioco o maestri di scuola, che avrebbero rischiato l'improvvisa sparizione se dei bambini in possesso del telecomando li avessero trovati noiosi, o anche soltanto antipatici. Io solo potevo salvare dalla scomparsa, chi sa su quale canale, gran numero di professori di italiano e matematica che i loro studenti avrebbero potuto prendere di mira con il telecomando un momento prima di essere interrogati. Potevo garantire stabilità sul pianeta a tanti vigili urbani a caccia di palloni da sequestrare o di motorini da multare, ai pacifici utenti dell'ATAC che i ragazzi avrebbero potuto spedire nel nulla per trovare un posto a sedere sul 710. È vero che, obbedendo al pensiero tentatore, avrei lasciato i bambini e i ragazzi inermi alle prese con un mondo adulto poco preparato a capirli nelle loro fantasie e nei loro bisogni, ad aiutarli a crescere, a considerarli persone e non cuccioli senza testa e senza diritti. Ma la vita si può forse cambiare a comando, sia pure con un telecomando elettronico? È forse facendolo scomparire nel vuoto che si può migliorare il mondo? Allora avrebbero ragione le bombe atomiche...

In pochi istanti la mia decisione fu presa. Puntai la cellula fotoelettrica sulle scatolette che contenevano i pericolosi giocattoli e li feci sparire nell'invisibile canale in cui li aveva preceduti il loro costruttore.

«E tu, – dissi mentalmente all'ometto, – io non so dove tu ti trovi ora. Spero che ti senta a tuo agio, come mi sono sentito io sul battello che scendeva la Volga o nelle vicinanze della mia stella Antares. Ma non ti aspettare che io prema adesso, subito, il pulsante verde in basso a destra per farti ricomparire e rimetterti a fabbricare oggetti meravigliosi e diabolici al tempo stesso. Resta dove sei, almeno per qualche annetto. Fa' conto di trascorrere una buona vacanza dalla fatica di esistere. Io non ti ho ucciso: ti ho soltanto mandato su un altro canale. Ciao».

Intascai il telecomando e a casa lo nascosi in un luogo dove nessuno potrà trovarlo senza le mie indicazioni. Il giorno dopo, con santa pazienza, uscii di casa per andare a comprare i giocattoli. Ma non passai davanti al negozietto del bizzarro omuncolo, per non correre rischi, facile come sono agli scrupoli, ai rimorsi e ai ripensamenti, per non essere tentato dalla bontà del mio cuore di far riapparire quel piccolo Mefistofele nel nostro canale.

[da *Il gioco dei quattro cantoni*]

Filastrocca del NATALE

Ritorna ogni anno, arriva puntuale
con il suo sacco Babbo Natale:
nel vecchio sacco ogni anno trovi
tesori vecchi e tesori nuovi.
C'è l'orsacchiotto giallo di stoffa
che ballonzola con aria goffa:
c'è il cavalluccio di cartapesta
che galoppa e crolla la testa;
e in fondo al sacco, tra noci e confetti,
la bambolina che strizza gli occhietti.

Ma Babbo Natale sa che adesso
anche ai giocattoli piace il progresso:
al giorno d'oggi le bambole han fretta,
vanno in auto od in lambretta!
E l'orsacchiotto, al posto del cuore,
ha un modernissimo motore.
Nel vecchio sacco pieno di doni
ci sono ogni anno nuove invenzioni.

Io del progresso non mi lamento
anzi, vi dico, ne sono contento.
«Viva la Scienza se ci dà
un poco piú di felicità!»
Signori scienziati, vi prego, inventate
le meraviglie piú raffinate:
ma per favore, lasciate stare
certi giocattoli che fanno tremare…
Non vanno bene per la mia sacca
le bombe atomiche e bombe acca!
Bella è la pace, chiara la via,
dite la vostra che ho detto la mia.

[da *Filastrocche per tutto l'anno*]

Il mago di NATALE

S'io fossi il mago di Natale
farei spuntare un albero di Natale
in ogni casa, in ogni appartamento
dalle piastrelle del pavimento,
ma non l'alberello finto,
di plastica, dipinto
che vendono adesso all'upim:
un vero abete, un pino di montagna,
con un po' di vento vero
impigliato tra i rami,

che mandi profumo di resina
in tutte le camere,
e sui rami i magici frutti:
regali per tutti.

Poi con la mia bacchetta me ne andrei
a far magie
per tutte le vie.

In via Nazionale
farei crescere un albero di Natale
carico di bambole
d'ogni qualità,
che chiudono gli occhi
e chiamano papà,
camminano da sole,
ballano il *rock an'roll*
e fanno le capriole.

Chi le vuole, le prende:
gratis, s'intende.

In piazza San Cosimato
faccio crescere l'albero
del cioccolato;
in via del Tritone
l'albero del panettone;
in viale Buozzi
l'albero dei maritozzi,
e in largo di Santa Susanna
quello dei maritozzi con la panna.

Continuiamo la passeggiata?
La magia è appena cominciata:
dobbiamo scegliere il posto
all'albero dei trenini:
va bene piazza Mazzini?

Quello degli aeroplani
lo faccio in via dei Campani.

Ogni strada avrà un albero speciale
e il giorno di Natale
i bimbi faranno
il giro di Roma
a prendersi quel che vorranno.

Per ogni giocattolo
colto dal suo ramo
ne spunterà un altro
dello stesso modello
o anche piú bello.

Per i grandi, invece, ci sarà,
magari in via Condotti,
l'albero delle scarpe e dei cappotti.

Tutto questo farei se fossi un mago.

Però non lo sono
che posso fare?

Non ho che auguri da regalare:
di auguri ne ho tanti,
scegliete quelli che volete,
prendeteli tutti quanti.

[da *Filastrocche in cielo e in terra*]

Lo ZAMPOGNARO

Se comandasse lo zampognaro
che scende per il viale,
sai che cosa direbbe
il giorno di Natale?

«Voglio che in ogni casa
spunti dal pavimento
un albero fiorito
di stelle d'oro e d'argento».

Se comandasse il passero
che sulla neve zampetta,
sai che cosa direbbe
con la voce che cinguetta?

«Voglio che i bimbi trovino,
quando il lume sarà acceso,
tutti i doni sognati
piú uno, per buon peso».

Se comandasse il pastore
del presepe di cartone sai che legge farebbe
firmandola col lungo bastone?

«Voglio che oggi non pianga
nel mondo un solo bambino,
che abbiano lo stesso sorriso
il bianco, il moro, il giallino».

Sapete che cosa vi dico
io che non comando niente?
Tutte queste belle cose
accadranno facilmente;

se ci diamo la mano
i miracoli si faranno
e il giorno di Natale
durerà tutto l'anno.

[da *Filastrocche in cielo e in terra*]

Il pellerossa nel PRESEPE

Il pellerossa con le piume in testa
e con l'ascia di guerra in pugno stretta,
come è finito tra le statuine
del presepe, pastori e pecorine,
e l'asinello, e i maghi sul cammello,
e le stelle ben disposte,

e la vecchina delle caldarroste?
Non è il tuo posto, via, Toro seduto:
torna presto di dove sei venuto.
Ma l'indiano non sente. O fa l'indiano.
Ce lo lasciamo, dite, fa lo stesso?
O darà noia agli angeli di gesso?
Forse è venuto fin qua,
ha fatto tanto viaggio,
perché ha sentito il messaggio:
pace agli uomini di buona volontà.

[da *Filastrocche in cielo e in terra*]

L'albero della festa

All'ombra di un albero di NATALE

Gentilissima signora direttrice,

non so se il suo giornale usa pubblicare opere di gatti. In ogni caso, spero che farà eccezione per il presente racconto, perché esso è stato scritto da un gatto di buona, anzi di ottima famiglia. Può chiedere referenze sul mio conto al professor Guido Guidolotti, in casa del quale sono nato due anni or sono, o addirittura al professor Giovanni Maria Martini, noto insegnante di matematica al Liceo Civico, in casa del quale abito attualmente, su una poltrona del tinello che ho scelto per mio domicilio.

Non sono un gatto di molte parole e di molti miagolii. Entrerò dunque senz'altro in argomento. L'argomento riguarda, per cominciare, un bisticcio tra i due figli minori del professor Martini: il nominato Antonio Martini, di anni 13, e il nominato Gian Luigi Martini, di anni 8. Dei figli maggiori non mi occupo: essi, dal canto loro, non si occupano di me, né per tirarmi la coda né per costringermi a fare difficili esercizi ginnastici, come dare la zampa, star ritto sulle gambe posteriori e simili. Tutte cose che formano invece i miei rapporti quotidiani con i nominati Antonio e Gian Luigi Martini: cose che io tollero perché so che con i ragazzi bisogna avere pazienza.

Una sera dei primi di dicembre mi ero da poco appisolato sulla poltrona quando un acuto contrastare di voci mi costrinse a riaprire gli occhi.

– Non farò il presepio, no, no, e poi no! – gridava Antonio, agitando un dito sotto il naso del fratello. – Ne ho già fatti una decina in vita mia, ed è sempre la stessa storia. Voglio farmi un albero di Natale, alto fino al soffitto, con cento: lampadine almeno, e con una stella a luce intermittente. Lo sai cos'è la luce intermittente? Lo sai?

– La luce «interitente» non mi interessa, – dichiarava Gian Luigi, – puoi metterla al naso e nelle orecchie. E se voglio delle piante vado ai giardini pubblici. Ce ne

sono di bellissime. Io ho detto che farò il presepe e non sarai tu a farmi cambiare idea. Tra l'altro non sai nemmeno che l'albero di Natale è un'usanza *nordista*: lo ha detto la mia maestra.

(*Immagino, signora direttrice, che il piccolo Gian Luigi avesse tutte le intenzioni di dire «nordica»: egli ha usato distrattamente il termine «nordista» imparato al cinematografo. La prego di perdonarlo e di leggere avanti.*)

– Il presepio è una cosa da bambini, come la favola di Cappuccetto Rosso, – sentenziò il «nordista».

– Cappuccetto Rosso sarai tu, – fu la risposta.

L'allusione ai capelli rossicci del nominato Antonio era cosí evidente che sentii odore di zuffa. Per fortuna, a questo punto il professor Martini abbassò il giornale dietro il quale si era trincerato, si tolse gli occhiali e si schiarí la voce.

– Hm, hm, – fece.

Quando il professor Martini fa «hm, hm», non è come quando lo fa qualsiasi altra persona. Tutti possiamo fare «hm, hm», anche noi gatti: ma non a quel modo. Sembrano due colpi di pistola sparati per un segnale. A quel segnale tra le quattro pareti del tinello si crea il perfetto silenzio, ed io posso udire il fruscio della mia coda che si rizza per lo spavento.

– Una discussione inutile, – disse invece dolcemente il professor Martini. Con nostra sorpresa egli fissò per qualche istante i suoi due figlioli, e chiuse l'astuccio degli occhiali. Indi si alzò, spinse la sedia sotto il tavolo e concluse: – Non c'è bisogno di litigare. Antonio farà l'albero di Natale e Gian Luigi farà il presepio. Cosí sarete contenti tutti e due. La casa è grande per fortuna. C'è posto per tutti, fin che non ce ne dovremo andare.

(*Scusi se intervengo di nuovo, signora direttrice: devo informarla che il professor Martini è in causa col padrone di casa che lo vuol sfrattare, per affittare l'appartamento a un prezzo piú conveniente.*)

– Avremo un Natale doppio, – disse ancora il professor Martini. E senz'altro si diresse verso il suo studio per correggere i compiti di classe, non prima di aver gettato là un: – Tu che ne dici, Palletta?

(*Palletta sarei io: la famiglia Martini si ostina a credere che quello sia il mio nome. Invece non lo è affatto. Non ho alcun nome e non ci tengo ad averne: un nome, capirà, poi magari anche una cartellina delle tasse! Grazie tante, preferisco vivere in incognito. La cosa del resto non ha importanza: mi chiamino come vogliono, io non rispondo mai alle loro domande.*)

Non risposi nemmeno al professore.

Non starò a descriverle, signora direttrice, il giubilo che la decisionc paterna sollevò nei due piú volte nominati giovanotti: per l'entusiasmo essi si saltarono al collo, dimenticando che erano stati lí per lí per ficcarsi le dita negli occhi. Io pure dovetti partecipare alla festa e fui portato in trionfo da Antonio, come se il merito fosse stato mio; passai quindi alle braccia di Gian Luigi che mi gridava nelle orecchie:

– Palletta! Abbiamo vinto, hai sentito? Abbiamo vinto tutti e due.

Secondo me si trattava piuttosto di un match pari, ma è noto che non ho l'abitudine di comunicare le mie opinioni al prossimo.

Nei giorni successivi mi toccò spesso di passare dalle braccia dell'uno a quelle dell'altro. A turno i due ragazzi si ostinavano a farmi ammirare il loro lavoro natalizio.

– Palletta, – mi diceva Gian Luigi mostrandomi il tavolino su cui aveva costruito le sue montagne di cartapesta, – quella è la grotta, la vedi? Ma non là, là c'è la bottega del fornaio: i pastori che vanno a trovare Gesú hanno viaggiato tutta la notte ed hanno fame, perciò occorre un fornaio. Per i piú ricchi c'è anche l'osteria, con il pollo di gesso sul tavolo. Per i piú poveri c'è la vecchia delle ricotte, il caldarrostaio, il venditore di lupini... Vedi le pecorine? Sono piú grandi di te, lo sai? Tu avresti paura se te ne capitasse una davanti.

(*Tra parentesi, a me le pecore non hanno mai fatto paura,*

figuriamoci se mi potevano impressionare quelle lí: con una zampata ne avrei sbranate una decina.)

– Quelli laggiú, sulla collinetta, un po' in cima, – proseguiva Gian Luigi, – sono i Re Magi che vengono dall'Oriente. Vedi che bei cammelli? Ti piacerebbe andare sul cammello? A me sí. Vorrei attraversare il deserto, dormire sotto la tenda con i beduini...

Cosí a Gian Luigi piaceva fantasticare davanti alle sue statuine. Spesso cambiava di posto ai pastori rimproverandoli gentilmente: – Tu lo hai già visto bene. Adesso lascia venire davanti quest'altro.

Ogni giorno faceva fare qualche passettino ai cammelli dei Re Magi. E ogni giorno portava a casa delle novità: del muschio per i prati, della bambagia per fare la neve, perfino la statuina di un cow-boy a cavallo che sollevò le critiche di Antonio.

– A quei tempi, – diceva, – i cow-boy non erano ancora inventati.

– Un apparecchio a reazione sull'albero di Natale, –

ribatteva Gian Luigi, – ci sta peggio che un cow-boy nel presepio.

Antonio mi strappava dalle braccia del fratello e mi portava davanti al suo capolavoro, nell'angolo opposto del salotto: – Palletta, sta male quell'apparecchio sull'albero?

Ci stava male? Non so. L'albero, in generale, offriva uno spettacolo abbastanza strano: ci avevano fatto il nido, per cosí dire, centinaia di oggetti luccicanti, quali sarebbero palline e palloni, stelline e stellone e in tutto quel bazar spiccavano sagome di modernissimi aeroplani a reazione e addirittura un razzo per il volo interplanetario. Devo infatti comunicarle che Antonio aspira con tutte le forze a far parte dell'equipaggio che compirà il primo volo dalla terra alla luna. (Tanti auguri!)

Avrei molto apprezzato di essere lasciato in pace sulla mia poltrona, ma, mio malgrado, ero ogni giorno di piú coinvolto in quella guerra fratricida. Una mattina, però, destandomi da un breve pisolino, vidi i due fratelli, seduti con aria meditabonda uno accanto all'altro, quasi abbracciati. Erano soli in casa, e l'occasione sarebbe stata propizia per guerreggiare senza essere disturbati da noiosi testimoni. Che cosa avevano mai da dirsi di cosí importante? Decisi di ascoltare attentamente.

– Il babbo non deve sapere nulla, – esclamava Antonio, soffocando la voce. – Ha già troppi pensieri.

– Ma è pericoloso! – ribatteva Gian Luigi. – Dobbiamo avvertirlo per forza. O almeno dobbiamo avvertire la mamma.

– Già, – replicava il maggiore, – questa idea te la raccomando proprio. Si metterebbe a piangere e complicherebbe le cose.

– E se davvero gli sparano, al babbo?

Il verbo «sparare» mi convinse che era necessario saperne di piú. Non volendo disturbare i ragazzi con le mie domande (*non faccio mai domande a nessuno, lei lo sa bene*) balzai sul tavolo e mi avvicinai silenziosamente. Sul tappeto stava un biglietto spiegazzato, coperto di grossi caratteri a stampatello. So leggere, per fortuna. Non per niente sono un gatto cresciuto in casa di gente istruita. Ed ecco che cosa diceva il biglietto:

«Professore, attenzione! Certi quattro sulla pagella del trimestre sarà bene che non li scriva. Altrimenti piombo!!!»

Lei forse stupirà, signora direttrice, che io abbia potuto credere anche per un solo momento alla serietà di quella minaccia. Ma, di questi tempi, non sono cose da prendere sotto gamba. Si sono visti ragazzi sparare ai loro professori per un brutto voto. I giornali ne hanno parlato ed io qualche volta leggo anche i giornali. In casa si era parlato di quei brutti episodi. I ragazzi apparivano impressionati.

– Nessuno deve sapere di questo biglietto, – dichiarò Antonio. – Non solo. Ma da domani dovremo fare in modo di arrivare sempre per primi ad aprire la cassetta delle lettere. Il babbo è in pericolo, ma ha bisogno di tranquillità. Penseremo noi a proteggerlo.

– Ma come? – domandò flebilmente Gian Luigi.

Quella sera il professor Martini notò con meraviglia certe strane manovre dei suoi figlioli. Gli giravano attorno senza perderlo di vista un minuto, scambiandosi occhiate piene di significato: Gian Luigi gli si andò perfino a sedere sulle ginocchia, cosa che non faceva da un paio di anni almeno.

– Niente guerra, stasera? – domandò sorridendo il professore.

Antonio ebbe la prontezza di mettersi a vantare il suo albero, come al solito. Gian Luigi rispose debolmente, e corse ad abbeverare un gregge di pecore in uno specchio: ma io vidi benissimo la lagrima che gli cadeva dagli occhi e andava a spiaccicarsi sulla superficie liscia e brillante del finto laghetto.

Nei giorni seguenti osservai con una certa ansia i movimenti dei ragazzi. Essi si alzavano prestissimo. Forse dormivano a turno, forse si facevano chiamare di nascosto dalla domestica, con il pretesto dei compiti. Di solito mi svegliavo nel momento in cui Antonio o Gian Luigi rientravano dopo l'ispezione alla cassetta della posta. In due occasioni li vidi mostrarsi, in gran segreto, lettere simili alla prima. Udivo i loro discorsi, sempre piú circospetti.

– Ma non facciamo nessun passo avanti! – si lagnava Gian Luigi.

Il piccino era ogni giorno piú pallido e nervoso: la signora Martini aveva già cominciato a preoccuparsene, gli toccava la fronte per sentirgli la temperatura, gli guardava la lingua…

Il passo in avanti si fece per merito mio.

Fu una mattina di domenica, lo ricordo benissimo, e nella cassetta s'era trovata un'altra lettera anonima, Antonio la stava mostrando al fratello quando la porta dello studio si aprí e comparve d'improvviso il professore. Nella fretta di ficcarsi in tasca quella roba, Antonio lasciò cadere la busta. Per fortuna il professore non si accorse di nulla: sulla busta mi ci ero seduto io.

Uscito il professore, Antonio mi fece sobbalzare con un grido:

– Palletta! Che cosa fai, Palletta?

Non facevo proprio nulla di strano: rivoltavo la busta tra le zampe, per semplice curiosità. Ma Antonio era eccitatissimo:

– Palletta, sei un asso! Ho capito; sí, sí, bravo, ho capito.

– Ma che cosa hai capito? – domandava Gian Luigi ansioso.

– Guarda, sulla busta non ci sono francobolli. Io non ci avevo mai fatto caso, ma Palletta lo deve aver notato, e ha fatto il possibile per dirmelo.

– Vuol dire che l'assassino porta la lettera lui stesso! – gridò Gian Luigi.

– Zitto! – gli impose il fratello. – Vuoi che lo sappiano tutti? Ora è chiaro quello che dobbiamo fare. Sorprendere l'assassino e catturarlo.

Un'impresa rischiosa, signora direttrice: ma non era il caso di scoraggiare quei ragazzi. Perciò mi tenni i miei dubbi, accontentandomi di intensificare la sorveglianza. Mi spinsi fino ad origliare alla porta della loro camera da letto.

– Domani si espongono i voti, – diceva Antonio, – non lasceremo papà solo nemmeno per un minuto. Per fortuna non c'è scuola: lo seguiremo dappertutto.

Un buon progetto, giudicai tra me e me, tornando alla mia poltrona. Ma non avevo ascoltato abbastanza. In piena notte – il pendolo segnava le cinque – i due ragazzi si alzarono senza rumore: al buio scivolarono in anticamera, infilandosi il cappotto sopra il pigiama, uscirono sulle scale. Li precedetti con un balzo.

– Dentro! Palletta, torna indietro! – mi ordinò Gian Luigi con un bisbiglio. Ma io già scendevo da un pianerottolo all'altro.

Nell'atrio, dietro la gabbia dell'ascensore, c'è un vano stretto ed oscuro, dove il portiere tiene le scope. Fu lí che i ragazzi si appiattirono, tremando di freddo e di paura: di lí si potevano tener d'occhio, alla luce di una debole lampadina, le cassette della posta, allineate sulla parete di fianco al portone. Io mi accoccolai sullo stuoino davanti alla portineria per salvarmi dal gelo delle piastrelle.

L'attesa fu lunga. Alle sei il portiere tossicchiò nel suo stanzino, uscí ciabattando nell'atrio e andò ad aprire il portone: a quell'ora alza la saracinesca il bar di fronte, e il portiere non può cominciare le pulizie se prima non ha messo il naso nel profumo del caffè espresso. Il portone rimase aperto e incustodito. La nebbia vi soffiò, gelida e rabbiosa: non potei trattenere un miagolio. Immaginavo quei poveri ragazzi, costretti da un'ora a starsene immobili nel vano, soli col loro freddo e la loro paura.

Li immaginavo abbracciati stretti stretti, incapaci di aprire bocca, con gli occhi sbarrati. Avrei voluto chiamarli per nome, signora direttrice, per far loro coraggio:

– Antonio! Gian Luigi!

Una voce stridula e spaventata scendeva per la tromba delle scale: – Antonio! Gian Luigi!

Riconobbi la voce del professore Martini: doveva aver scoperto l'assenza dei figlioli, chissà quali terribili pensieri gli si agitavano in petto.

Ecco il suo passo precipitoso. È stata la porta aperta a guidarlo per le scale: i ragazzi debbono essersi dimenticati di richiudere. È al primo piano, lo sento. Sono balzato sulle mie quattro zampe, in allarme. Che faranno i ragazzi? Usciranno piangendo ad abbracciare il babbo o fuggiranno a perdifiato su per le scale?

Il professore è agli ultimi gradini. In quel momento Antonio balza dal suo nascondiglio con un urlo:

– Attento, papà! Ti spara! Ti uccide!

Un giovinetto è entrato furtivamente nell'atrio, è fermo davanti alla cassetta della posta, con una busta in mano. Vorrebbe voltarsi e scappare, ma Antonio gli si lancia addosso furiosamente e lo getta a terra! Il professore è rimasto immobile un istante: ora corre verso i due che si accapigliano sul pavimento, li separa, li rimette in piedi. Nessuno dei tre apre bocca. Nel silenzio si ode un pianto sommesso, disperato. È Gian Luigi, il coraggio gli è mancato all'ultimo minuto.

– Gian Luigi, l'abbiamo preso! – grida Antonio trionfante.

– Gian Luigi, dove sei? – chiamò a sua volta il professore. – E tu Antonelli, che cosa fai qui? Che cos'è quella busta?

Gliela strappò di mano, l'aprí nervosamente, lesse.

– Guarda, guarda, – disse soltanto, – roba da cinematografo. Lo dico sempre che a voi ragazzi dovrebbero proibire di andare al cinema. Su, vieni di sopra. E voi due (anche Gian Luigi era uscito dal nascondiglio, senza asciugarsi le lagrime) su, davanti a me.

I tre ragazzi salirono lentamente le scale a testa bassa. Io corsi davanti a loro ad accomodarmi sulla mia poltrona per assistere agli sviluppi della situazione.

«Ora viene il bello», dicevo tra me.

Il professor Martini, nella vita familiare, è uno specialista della cioccolata. Quella mattina ne preparò una tale quantità che i ragazzi ne dovettero bere tre tazze a testa: e guai a ribellarsi.

Il povero Antonelli non levava il naso dalla tazza. Poteva avere sedici anni, ma quella mattina sono sicuro che avrebbe preferito non averne piú di quattro e trovarsi all'asilo, su un cavallo a dondolo.

– E cosí, invece di preparare i compiti preparavi il piombo? Ma bene, ma bene. In pillole o in polvere?

– Ma io non…

– Si capisce che non volevi sparare. Volevi fare come al cinema. E poi, come sapevi che ti avrei dato quattro in matematica? Infatti te l'ho dato, guarda. Però sono sicuro che puoi arrivare al sette, e forse anche all'otto. Tu non te ne sei accorto, ma hai il bernoccolo della matematica. Spero che te ne accorga abbastanza presto. Prima della fine dell'anno. Lo sai che la matematica era anche la mia bestia nera, da piccolo. Per tre anni di fila ho dovuto fare gli esami di riparazione. Alla fine odiavo tanto la matematica che mi misi a sbranarla addirittura. Ed eccomi professore, di matematica per l'appunto.

Il professore continuò per un pezzo a versare cioccolata nelle tazze e a chiacchierare. Aveva proibito alle donne di casa di entrare nella sala e parlava, parlava, parlava. Parlò anche di me, chiamandomi, come al solito, con quel buffo nome che io non accetto: Palletta.

Il primo a ridere fu Gian Luigi. Dopo un poco anche Antonio sorrise. Finalmente anche Antonelli alzò il capo: non sorrideva, ma era chiaro che la cioccolata era stata di suo gusto.

– Santo cielo, – esclamò il professore, – i tuoi non sanno dove sei. Bisogna avvertirli, che non stiano in pensiero. Ci penso io –. Andò in anticamera a telefonare, lo sentimmo parlare a voce bassa.

Antonelli approfittò dell'assenza del professore per guardarsi attorno. Studiò attentamente il presepio, osservò scrupolosamente l'albero di Natale fino all'ultimo ramicello, ma non disse la sua opinione. Gian Luigi si alzò, andò a spostare di un poco i Magi, perché era passato un altro giorno.

In quel momento egli fece una terribile scoperta: la presa di corrente era nell'altro angolo del salotto! Cosí Antonio avrebbe potuto accendere la stella sull'albero, e lui non avrebbe potuto illuminare il presepio!

– Si può portare un'altra presa vicino al tavolino, –

osservò Antonelli, – oppure mettere una presa doppia all'attacco dell'albero.

– Una presa doppia? – domandò Antonio.

– Ma sí, costano pochi soldi. Potreste anche avvicinare il presepio all'albero, risparmiereste sul filo.

Che idea! Avvicinare il presepio all'albero, dopo tutta la guerra che c'era stata.

Invece, con mia grande meraviglia, i tre ragazzi si misero subito al lavoro. Pochi minuti dopo il presepe e l'albero formavano un solo paesaggio: l'albero pareva spuntare dalla collinetta dei Re Magi, ed era cosí grande che i suoi rami coprivano fin l'ultimo cagnolino di gesso, in coda al gregge. Un presepio all'ombra dell'albero di Natale!

Il peggio accade dopo quando, rovistando in certi cassetti, Antonio trovò una presa doppia e Antonelli si mise a trafficare dietro ai fili, con un cacciavite. (Si vede che ha anche il bernoccolo dell'elettricità!) Uno, due, tre… Due stelle si accesero contemporaneamente: la cometa del presepio gettò la sua luce rossa sugli apparecchi a reazione: la stella dell'albero palpitò, azzurra e magnifica, come una insegna al neon che si accende e si spegne, e i pastori che guardavano in alto parevano pieni di meraviglia. E il professor Martini? Possibile che una telefonata duri tanto? Macché telefonata: eccolo là che mette il naso dentro la porta e sorride. Il suo sguardo paterno riposa sulle tre teste vicine, arruffate e buone. Io solo mi sono accorto del professore e gli strizzo l'occhio.

E lui mi risponde, signora direttrice: il professor Martini che strizza l'occhio al gatto Palletta. Si è mai vista una cosa simile? Mi creda, è la pura verità.

[da *Fiabe lunghe un sorriso*]

L'ALBERO
dei poveri

Filastrocca di Natale,
la neve è bianca come il sale,
la neve è fredda, la notte è nera
ma per i bimbi è primavera:
soltanto per loro, ai piedi del letto
è fiorito un alberetto.
Che strani fiori, che frutti buoni
oggi sull'albero dei doni:
bambole d'oro, treni di latta,
orsi dal pelo come d'ovatta,

e in cima, proprio sul ramo piú alto,
un cavallo che spicca il salto.
Quasi lo tocco… Ma no, ho sognato,
ed ecco, adesso, mi sono destato:
nella mia casa, accanto al mio letto
non è fiorito l'alberetto.
Ci sono soltanto i fiori del gelo
sui vetri che mi nascondono il cielo.
L'albero dei poveri sui vetri è fiorito:
io lo cancello con un dito.

[da *Prime fiabe e filastrocche*]

Il Pianeta degli alberi di NATALE

Dove sono i bambini che non hanno
l'albero di Natale
con la neve d'argento, i lumini
e i frutti di cioccolata?
Presto, presto, adunata, si va
nel Pianeta degli alberi di Natale,
io so dove sta.

Che strano, beato Pianeta…
Qui è Natale ogni giorno.

Ma guardatevi attorno:
gli alberi della foresta,
illuminati a festa,
sono carichi di doni.
Crescono sulle siepi i panettoni,
i platani del viale
sono platani di Natale.
Perfino l'ortica,
non punge mica,
ma tiene su ogni foglia
un campanello d'argento
che si dondola al vento.

In piazza c'è il mercato dei balocchi.
Un mercato coi fiocchi,
ad ogni banco lasceresti gli occhi.
E non si paga niente, tutto gratis.
Osservi, scegli, prendi e te ne vai.
Anzi, anzi, il padrone

ti fa l'inchino e dice: «Grazie assai,
torni ancora domani, per favore:
per me sarà un onore...»

Che belle le vetrine senza vetri!
Senza vetri, s'intende,
cosí ciascuno prende
quello che piú gli piace: e non si passa
mica alla cassa, perché
la cassa non c'è.

Un bel Pianeta davvero
anche se qualcuno insiste
a dire che non esiste...
Ebbene, se non esiste, esisterà:
che differenza fa?

[da *Filastrocche in cielo e in terra*]

Perché non mi fai una poesia per NATALE?

La domanda è una domanda con il tranello. Tuttavia accontenterò chi l'ha fatta perché ha messo due punti interrogativi, e a una domanda con due punti interrogativi si deve rispondere sempre, ad ogni costo. Non con una poesia, però: sarà una canzonetta, una cantilena, una tiritera un po' lunghetta.

Quest'anno mi voglio fare
un albero di Natale
di tipo speciale,

ma bello veramente.
Non lo farò in tinello,
lo farò nella mente,
dove non c'è soffitto
e l'albero può crescere
alto alto, dritto dritto,
quanto gli pare,
con centomila rami
e un miliardo di lampadine
e tutti i doni che non stanno
nelle vetrine:
un raggio di sole
per il passero che trema –
un ciuffo di viole
per il prato gelato –
la soluzione giusta del problema
piú complicato
per lo scolaro debole in aritmetica –
un aumento di pensione

per il vecchio pensionato –
lo stipendio raddoppiato
al professore di storia
e l'olio a buon mercato.
E poi giochi, giocattoli, balocchi
quanti ne puoi contare
a spalancare gli occhi:
un milione, cento milioni
di bellissimi doni
uno piú gratis dell'altro,
e al posto dei cartellini
zeppi di numeracci
i nomi dei bambini
che non ebbero mai
un regalo di Natale,
e per loro ogni giorno all'altro è uguale,
e non è mai festa.
Perché se un bimbo resta senza niente,
anche uno solo, piccolo

che a piangere non si sente
e sta chissadove,
Natale è tutto sbagliato,
da rifare per bene,
come una divisione se non viene
la prova del nove.

[da *Il libro dei perché*]

La preghiera di un PASSERO che vuol fare il nido sull'albero di NATALE

Apritemi, per favore,
la finestra del salotto:
sono un povero passerotto
che ha freddo fino al cuore…

Vi ho visti che piantavate
in un angolo del tinello
quel meraviglioso alberello
dalle foglie incantate:

ogni ramo si curva al peso
di un frutto sconosciuto,
e su ogni ramo ho veduto
una stella col lume acceso.

Vi spiavo dal davanzale,
piuma a piuma intirizzito:
ma adesso l'avete finito,
l'albero di Natale.

Adesso tutto è a posto:
fatemi dunque entrare,
il mio nido potrei fare
sul ramo piú nascosto.

Non vi darei tanta noia,
sono un passero perbenino.
E per il vostro bambino
pensate domani che gioia

trovare tra i doni, dietro
una mezzaluna di latta,
fra la neve d'ovatta
e la rugiada di vetro,

trovare un passero vero,
con un cuore vero nel petto,
che guarda dal suo nidietto
con il vivo occhio nero,

una viva creatura
che vuol essere scaldata,
che ha bisogno d'essere amata,
che ha freddo, fame, paura...

I bambini sono tutti buoni,
e andremo d'accordo, perché
chiedo cosí poco per me
di tutti i loro doni:

un cantuccio di torrone
per appuntirci il becco,
il biscotto piú secco,
la crosta del panettone…

Che tenero frullo d'ale
in cambio vi posso dare!
Lasciatemi volare
sull'albero di Natale.

[da *Il secondo libro delle filastrocche*]

L'OSPITE

Sul ramo piú alto,
vicino alla stella,
c'è un passero vero
che cinguetta e saltella.
Ha visto dal davanzale
quest'albero fatato:
la finestra era aperta,
con un frullo è volato
sul ramo piú alto,
proprio accanto alla stella,

il passero vivo
che cinguetta e saltella.
Fuori fa tanto freddo,
non lo cacciate via:
è l'ospite di Natale,
vi metterà allegria.
Di tutta la vostra festa
una briciola gli basterà,
sulla tovaglia rossa
un poco passeggerà,
poi tornerà sul ramo,
vicino alla sua stella,
il passero vero
che cinguetta e saltella.

[da *Il secondo libro delle filastrocche*]

I NIDI

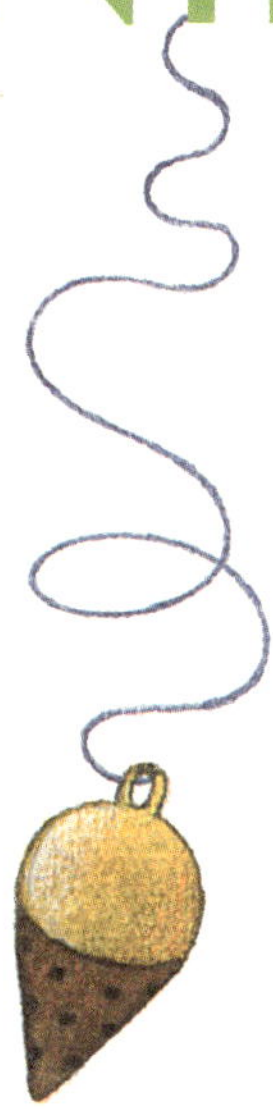

Chi abita sull'abete
tra i doni e le comete?
C'è un Babbo Natale
alto quanto un ditale.
Ci sono i sette nani,
gli indiani,
i marziani.

Ci ha fatto il suo nido
perfino Mignolino.
C'è posto per tutti,
per tutti c'è un lumino
e tanta pace per chi la vuole,
per chi sa che la pace
scalda anche piú del sole.

[da *Il secondo libro delle filastrocche*]

L'albero MAGICO

Non cercarlo nel libro
di scienza naturale:
l'albero di Natale
è l'albero della magia.
Vi crescono in compagnia
arance, mandarini,
caramelle, cioccolatini,
torroni, lumini…
Ma i frutti piú buoni
sono i frutti a sorpresa

che maturano a mezzanotte
nei loro pacchetti,
mentre tu aspetti a letto,
fingendo di dormire,
che ti vengano a chiamare
per farteli scoprire.

[da *Il secondo libro delle filastrocche*]

Neve neve neve

La NEVE

Che strana nevicata, quest'anno, sulle Montagne Lontane (non cercate queste montagne sulla carta geografica: non ci sono). Perché strana? Ma scusate, che cosa ne dite di una neve gialla? Ebbene, sulle Montagne Lontane è caduta una neve gialla come lo zafferano. Le Montagne sembrano enormi mucchi di oro. La gente le guarda e dice: – La neve ha l'itterizia, quest'anno –. L'itterizia, come sapete, è una malattia che fa diventare la pelle gialla come la buccia del limone. La gente va a dormire e il mattino dopo guarda di nuovo le Montagne Lontane.

– Questa è bella! – dice. Che cos'è accaduto? Sulle Montagne Lontane è caduta una neve rossa come il sangue. E cosí, per tutto l'inverno, la neve continua a cambiare colore: una volta cade verde, e sembra primavera; una volta azzurra, e sembra che il mare sia salito a incontrare il cielo; poi diventa viola, arancione. È uno spettacolo magnifico: la gente si alza al mattino e si domanda: – Di che colore saranno oggi le Montagne Lontane?

Un mattino la neve è caduta nera. Le Montagne sono vestite a lutto. La gente ha paura: accadrà qualcosa di male? Per tutto il giorno la gente resta tappata in casa. Adesso i cambiamenti di colore non divertono piú: la gente vuol rivedere la sua vecchia neve bianca. Ma non la rivede piú, perché il mattino dopo è primavera, e non c'è piú neve sulle Montagne Lontane, ma sole, fiori, e rocce che splendono come diamanti.

[da *Fiabe lunghe un sorriso*]

Perché la neve è BIANCA?

La neve è composta di piccolissimi prismi di acqua allo stato solido: pensa ai granelli dello zucchero, ma piú sottili e fragili; ognuno di essi ti rimanda un raggio di luce e il tuo occhio, senza dirti nulla, li somma tutti in un solo raggio bianco, accecante. Chissà se questa spiegazione ti basterà! In aggiunta, e per farmi perdonare le parole difficili, ti regalerò una canzonetta:

Una volta – non ditemi matto!
mi sono fatto

un monumento di neve.
Com'era bello,
tutto bianco tranne il cappello,
ch'era nero come un gatto nero.
Ma il sole uscí ad un tratto,
mi leccò via il naso,
mi fece cascare le dita:
per il mio monumento era finita.
Io però mi scaldavo a quel bel sole:
e non è meglio un po' di sole in cielo
che un monumento di neve e di gelo?

[da *Il libro dei perché*]

LA NEVE

Che bella neve, che invenzione
la neve di lana e di cotone…
Non bagna i guanti
né le mani senza guanti,
né i piedi senza scarpe,
né i nasi senza sciarpe,
né le teste senza cappello,
né i cappelli senza ombrello,
né le stufe senza carbone,
questa bellissima invenzione,
la neve di lana e di cotone.

[da *Il secondo libro delle filastrocche*]

NEVE

Poveretto chi non sa
sciare né pattinare.
Di tanta neve, che se ne fa?
Tutto quel ghiaccio non gli serve a nulla.
Di tanta gioia lui non può godere:
al massimo si farà
una granita in un bicchiere.

[da *Filastrocche in cielo e in terra*]

PRIMO GELO

Filastrocca del primo gelo,
gela la neve caduta dal cielo,
gela l'acqua del rubinetto,
gela il fiore nel suo vasetto,
gela la coda del cavallo,
gela la statua sul piedistallo.
Nella vetrina il manichino
trema di freddo, poverino;
mettetegli addosso un bel cappotto,
di quelli che costano un terno al lotto:
finché qualcuno lo comprerà,
per un bel pezzo si scalderà.

[da *Filastrocche in cielo e in terra*]

L'uomo di
NEVE

Bella è la neve per l'uomo di neve,
che ha vita allegra anche se breve

e in cortile fa il bravaccio
vestito solo d'un cappellaccio.

A lui non vengono i geloni,
i reumatismi, le costipazioni…

Conosco un paese, in verità,
dove lui solo fame non ha.

La neve è bianca, la fame è nera,
e qui finisce la tiritera.

[da *Filastrocche in cielo e in terra*]

L'omino di NEVE

L'omino di neve,
guardate che caso,
non ha piú naso
e ha solo un orecchio:
in un giorno di sole
è diventato vecchio!
Chi gli ha rubato un piede?
È stato il gatto,
bestia senza tatto.
Per un chicco di grano

una gallina
gli becca una mano.
Infine, per far festa,
i bambini
gli tagliano la testa.

[da *Prime fiabe e filastrocche*]

Buon anno!

FILASTROCCA
di Capodanno

L'anno vecchio se ne va,
ci lascia tutto in eredità:
un calendario consumato,
un po' sporco, un po' strappato.
Dodici fogli per dodici mesi,
in cucina rimasti appesi,
come dodici burattini
finita la recita per i piccini.
Che avete detto, che avete fatto,
dal primo atto all'ultimo atto?

«Abbiamo detto le nostre battute,
le nostre imprese le avete vedute.
Se c'era da piangere abbiamo pianto,
abbiamo riso, ma un poco soltanto;
abbiamo fatto la parte nostra,
avanti agli altri: la scena è vostra».
A mezzanotte, secondo l'orario,
sull'anno nuovo s'alza il sipario.
Abbiamo tutti una parte da fare,
ma non è scritta, non è da studiare.
C'è per fortuna un suggeritore.
Ascoltatelo: è il vostro cuore.

[da *Il secondo libro delle filastrocche*]

Nella notte di
CAPODANNO

Nella notte di Capodanno
i buoni romani sapete che fanno?

Dalla finestra gettano via
cenci, cocci e compagnia.

Piovono allegri sul selciato
il vecchio catino, il secchio sfondato,

pentole, chiacchiere, piatti e padelle,
sedie zoppe ed ex ombrelle.

Tu ripàrati sotto un portone,
fin che dura l'operazione,

ma non maledire la vecchia usanza:
chi getta i cocci, si tien la speranza.

Queste cose brutte e amare
si dovrebbero buttare:

le baracche ed i tuguri
dove i giorni son tutti scuri,

la fame, la guerra, la cattiveria,
tutti gli stracci della miseria…

Ingombrerebbero troppo la via?
Poi penseremo a far pulizia.

[da *Il secondo libro delle filastrocche*]

CAPODANNO

Filastrocca di Capodanno
fammi gli auguri per tutto l'anno:

voglio un gennaio col sole d'aprile,
un luglio fresco, un marzo gentile,

voglio un giorno senza sera,
voglio un mare senza bufera,

voglio un pane sempre fresco,
sul cipresso il fiore del pesco,

che siano amici il gatto e il cane,
che diano latte le fontane.

Se voglio troppo non darmi niente,
dammi una faccia allegra solamente.

[da *Filastrocche in cielo e in terra*]

BUON ANNO A TE

Buon anno a te,
buon anno a me,
a quelli di Rho,
a quelli di Cuorgné
alla gallina
che fa coccodè,
al malatino
che dice trentatre,
alle belle figlie
di Madama Dorè,

ai bottoni
del gilè,
a tutti, ma non
alla mosca tsé-tsé
e a quello che pensa
soltanto per sé.

[da *Filastrocche per tutto l'anno*]

È in arrivo UN TRENO carico di...

Nella notte di Capodanno,
quando tutti a nanna vanno,
è in arrivo sul primo binario
un direttissimo straordinario,
composto di dodici vagoni
tutti carichi di doni...

Gennaio
Sul primo vagone, sola soletta,
c'è una simpatica vecchietta.
Deve amar molto la pulizia
perché una scopa le fa compagnia…
Dalla sua gerla spunta il piedino
di una bambola o d'un burattino.
– Ho tanti nipoti, – borbotta, – ma tanti!
E se volete sapere quanti,
contate tutte le calze di lana
che aspettano il dono della Befana.

Febbraio
Secondo vagone, che confusione!
Carnevale fa il pazzerellone:
c'è Arlecchino, c'è Colombina,
c'è Pierrot con la sua damina,
e accanto alle maschere d'una volta
galoppano indiani a briglia sciolta,

sceriffi sparano caramelle,
astronauti lanciano stelle
filanti, e sognano a fumetti
come gli eroi dei loro giornaletti.

Marzo

Sul terzo vagone
viaggia la Primavera
col vento marzolino.
Gocce ridono e piangono
sui vetri del finestrino.
Una rondine svola,
profuma una viola...
Tutta roba per la campagna.
In città, fra il cemento,
profumano soltanto
i tubi di scappamento.

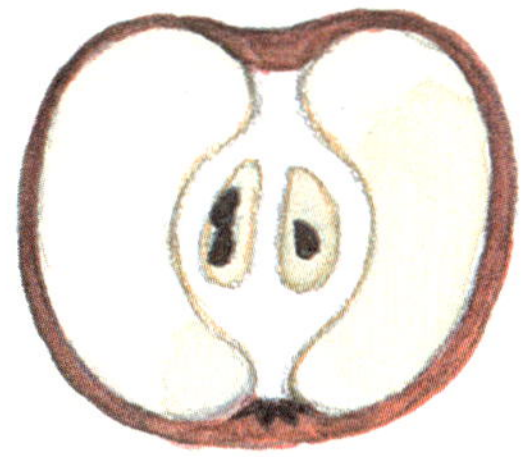

Aprile
Il quarto vagone è riservato
a un pasticcere rinomato
che prepara, per la Pasqua,
le uova di cioccolato.
Al posto del pulcino c'è la sorpresa.
Campane di zucchero
suoneranno a distesa.

Maggio
Un carico giocondo
riempie il quinto vagone:
tutti i fiori del mondo,
tutti i canti di Maggio…
Buon viaggio! Buon viaggio!

Giugno

Giugno, la falce in pugno!
Ma sul sesto vagone
io non vedo soltanto
le messi ricche e buone…
Vedo anche le pagelle:
un po' brutte, un po' belle,
un po' *gulp*, un po' *squash!*
Ah, che brutta invenzione,
amici miei,
quei cinque numeri prima del sei.

Luglio

Il settimo vagone
è tutto sole e mare:
affrettatevi a montare!
Non ci sono sedili, ma ombrelloni.
Ci si tuffa dai finestrini
meglio che dai trampolini.
C'è tutto l'Adriatico,
c'è tutto il Tirreno:
non ci sono *tutti* i bambini...
ecco perché il vagone non è pieno.

Agosto

Sull'ottavo vagone
ci sono le città:
saranno regalate
a chi resta in città
tutta l'estate.
Avrà le strade a sua disposizione:
correrà, svolterà, parcheggerà
da padrone.
A destra e a sinistra
sorpasserà se stesso…
Ma di sera sarà triste lo stesso.

Settembre

Osservate sul nono vagone
gli esami di riparazione.
Severi, solenni come becchini…
e se la pigliano con i bambini!
Perché qualche volta, per cambiare,
non sono i grandi a riparare?

Ottobre

Sul decimo vagone
ci sono tanti banchi,
c'è una lavagna nera
e dei gessetti bianchi.
Dai vetri spalancati
il mondo intero può entrare:
è un ottimo maestro
per chi lo sa ascoltare.

Novembre

Sull'undicesimo vagone
c'è un buon odore di castagne,
paesi grigi, grige campagne
già rassegnate al primo nebbione,
e buoni libri da leggere a sera
dopo aver spento la televisione.

Dicembre

Ed ecco l’ultimo vagone,
è fatto tutto di panettone,
ha i cuscini di cedro candito
e le porte di torrone.
Appena in stazione sarà mangiato
di buon umore e di buon appetito.
Mangeremo anche la panca
su cui siede a sonnecchiare
Babbo Natale con la barba bianca.

[da *Il secondo libro delle filastrocche*]

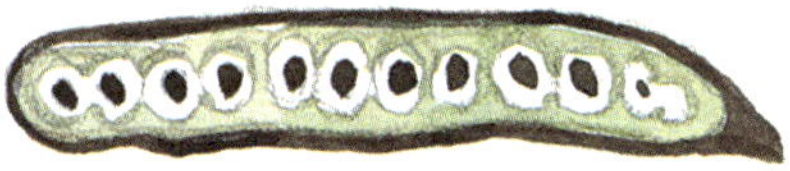

L’anno
PASSATO

Io l’ho bell’e dimenticato
l’anno passato:
morto e sotterrato.

È rimasto un foglietto
sul calendario appeso alla parete,
e pare quando al cine
l’ultimo quadro ancora non si cancella
ma già in fondo alla storia piú bella
viene fuori la parola «fine».

Meglio mi trovo
con l'anno nuovo,
tutto lustro e gaio
come un paio di scarpe appena uscite
dalla vetrina del calzolaio.

Le scarpe del nuovo anno…
Dove mi porteranno?

No, no, niente domande:
c'è una strada soltanto, aperta, grande,
e va avanti!

[da *Filastrocche per tutto l'anno*]

L'anno NUOVO

Indovinami, indovino
tu che leggi nel destino:

l'anno nuovo come sarà?
Bello, brutto o metà e metà?

«Trovo stampato nei miei libroni
che avrà di certo quattro stagioni,

dodici mesi, ciascuno al suo posto,
un carnevale e un ferragosto,

e il giorno dopo del lunedí
sarà sempre un martedí.

Di piú per ora scritto non trovo
nel destino dell'anno nuovo:

per il resto anche quest'anno
sarà come gli uomini lo faranno».

[da *Il secondo libro delle filastrocche*]

La befana
vien di notte

La bottega della BEFANA

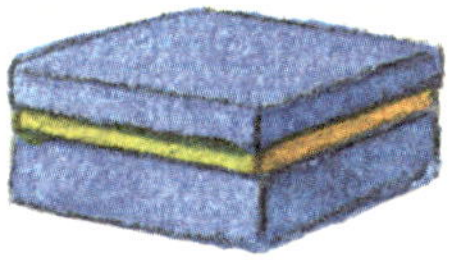

La Befana era una vecchia signora molto distinta e nobile: era quasi baronessa.

– La gente, – borbotta qualche volta fra sé, – mi chiama semplicemente «la Befana», e io non protesto, perché bisogna pure compatire gli ignoranti. Ma sono quasi baronessa: le persone per bene lo sanno.

– Sí, signora baronessa, – approvava Teresa, la serva, per farle piacere.

– Non sono proprio baronessa del tutto, ma poco ci manca. E la differenza non si vede nemmeno. Si vede?

– No, signora baronessa.

Era la mattina dell'Epifania. Per tutta la notte la Befana e la sua serva erano state in giro per tetti e per camini a portare i doni ai clienti. I loro vestiti erano ancora coperti di neve e di ghiaccioli.

– Accendi la stufa, – disse la Befana, – cosí ci asciugheremo. E riponi la scopa: per un annetto buono non ci servirà.

Teresa rimise la scopa nel solito angolo, borbottando:

– Sarà bello, volare con la scopa. Ma adesso che c'è fior di aeroplani e di razzi non ne vedo proprio l'utilità. Intanto il raffreddore me lo sono preso e me lo tengo.

– Preparami una buona camomilla, – ordinò la Befana, inforcando gli occhiali e sedendosi nella vecchia poltrona di pelle nera davanti alla scrivania.

– La baronessa sarà servita, – squittí la serva con la sua vocetta di topo. La Befana le lanciò un'occhiata di approvazione.

«È un po' rozza, – pensò, – ma conosce le regole

della buona alleanza e sa come comportarsi con una signora del mio rango, quasi baronessa. Le prometterò di aumentarle lo stipendio. Poi naturalmente non glielo aumenterò affatto: ci mancherebbe altro, con questi chiari di luna».

La Befana sospirò e ficcò il naso nei suoi registri.

«Dunque, vediamo un po'. Affari magrucci, quest'anno, e soldi pochini. I doni, si sa, tutti li vogliono belli, ma quando si tratta di pagare, allora è un altro discorso. Promettono, fanno segnare sul libretto come se la Befana fosse un pizzicagnolo, e poi chi s'è visto s'è visto... Comunque, i giocattoli che avevo in negozio li ho dati via tutti e oggi bisognerà portarne su degli altri dal magazzino».

Chiuse il libro dei conti e cominciò a sfogliare le lettere che aveva trovate nella cassetta della posta quella mattina, di ritorno dal suo giro.

– Ecco qua, – borbottò, – me l'aspettavo: io sfido la tramontana, io rischio l'osso del collo sulle tegole ge-

late e loro non sono mai contenti. Questo non voleva la sciabola di legno, voleva la pistola: ma lo sa che la pistola costava mille lire di piú? Quest'altro voleva un aeroplano, nientemeno. Suo padre aveva in tutto trecento lire. Che cosa gli potevo regalare per trecento lire?

La Befana buttò le lettere nel cassetto, si tolse gli occhiali e chiamò:

– Teresa, è pronta quella camomilla?

– Subito, subito, signora baronessa.

– Ce l'hai messo un goccetto di rum?

– Ce n'ho messi due cucchiaini.

– Esagerata, ne bastava uno e mezzo. Ora capisco perché la bottiglia è quasi vuota: e dire che l'abbiamo comperata soltanto quattro anni fa.

Mentre sorbiva la camomilla bollente senza scottarsi, come sanno fare soltanto le vecchie signore, la Befana si aggirava nel suo piccolo regno, gettando occhiate qua e là, ispezionando con cura, ogni angolo della cucina, del retrobottega, della botteguccia e della scaletta di legno che portava al piano di sopra, dove c'era la camera da letto.

Com'era triste la bottega, con la saracinesca abbassata, le vetrine vuote e gli scaffali ingombri soltanto di scatoloni vuoti e di cartacce.

– Prepara la chiave del magazzino e la candela, – disse la Befana, – bisogna portare su dell'altra roba.

– Signora baronessa, vuol lavorare anche oggi che è la sua festa?

– Che forse nei giorni di festa non si mangia?

– Ormai la notte della Befana è passata.

– Già, ma alla Befana nuova mancano solamente trecentosessantacinque notti.

Forse sarà bene spiegare che la bottega restava aperta tutto l'anno, e le sue vetrine erano sempre illuminate cosí i bambini avevano il tempo di innamorarsi di questo o di quel giocattolo, e i genitori avevano il tempo di fare i loro calcoli per poterlo ordinare.

Inoltre, e per fortuna, tutti i giorni ci sono compleanni, e si sa che i bambini considerano il loro compleanno un'occasione molto indicata per ricevere regali.

Ora sappiamo che cosa fa la Befana da un 6 gennaio all'altro: se ne sta nel suo negozietto e aspetta. Se ne sta dietro le vetrine a spiare la gente, e soprattutto le facce dei bambini. Lei capisce subito se un giocattolo nuovo ha successo, e se non piace lo toglie dalla vetrina e lo rimpiazza con un altro.

Per i giocattoli di moda ha un fiuto speciale: da qualche anno la sua vetrina va assomigliando a una stazione spaziale. Ma vi sono giocattoli che non tramontano: la Befana sa, per esempio, che quando le bambine andranno sulla Luna non mancheranno di portarsi lassú la loro vecchia bambola.

[da *La Freccia Azzurra*]

Tre CANTILENE

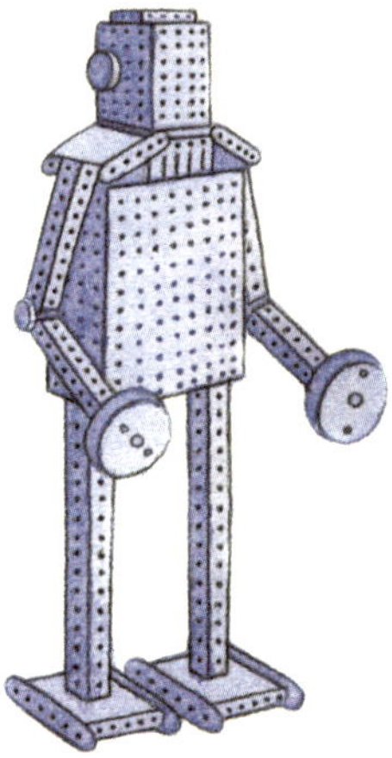

I.
Viene viene la Befana
da una terra assai lontana,
cosí lontana che non c'è…
la Befana, sai chi è?

II.
La Befana viene viene,
se stai zitto la senti bene:

se stai zitto ti addormenti,
la Befana piú non senti.

III.
La Befana, poveretta,
si confonde per la fretta:
invece del treno che avevo ordinato
un po’ di carbone mi ha lasciato.

[da *Il secondo libro delle filastrocche*]

Tre
FILASTROCCHE

I.
Mi hanno detto, cara Befana,
che tu riempi la calza di lana,
che tutti i bimbi, se stanno buoni,
da te ricevono ricchi doni.
Io buono sempre sono stato
ma un dono mai me l'hai portato.

Anche quest'anno, nel calendario,
tu passi proprio in perfetto orario,

ma ho paura, poveretto,
che tu viaggi in treno diretto:
un treno che salta tante stazioni
dove ci son bimbi buoni.

Io questa lettera ti ho mandato
per farti prendere l'accelerato!

Oh cara Befana, prendi un trenino
che fermi a casa d'ogni bambino,
che fermi alle case dei poveretti
con tanti doni e tanti confetti.

II.
La Befana, cara vecchietta,
va all'antica, senza fretta.

Non prende mica l'aeroplano
per volare dal monte al piano,

si fida soltanto, la cara vecchina,
della sua scopa di saggina:

è cosí che poi succede
che la Befana... non si vede!

Ha fatto tardi fra i nuvoloni,
e molti restano senza doni!

Io quasi, nel mio buon cuore,
vorrei regalarle un micromotore,

perché arrivi dappertutto
col tempo bello o col tempo brutto...

Un po' di progresso e di velocità
per dare a tutti la felicità!

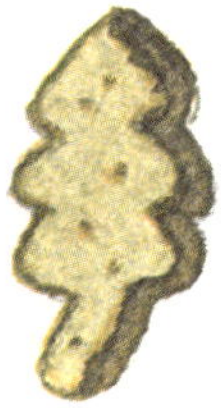

III.
Quant'è cara, quant'è buona
la Befana di Piazza Navona.
Sono piene di cose belle

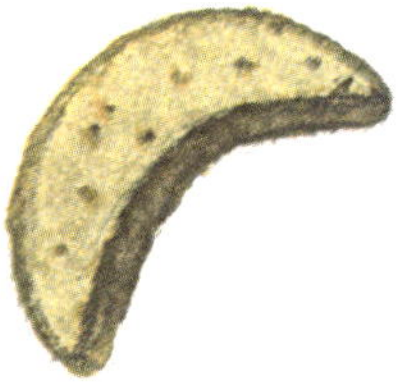
le sue mille bancarelle,
gonfi di dolci e di biscotti
i suoi diecimila calzerotti.
Se allunghi la mano puoi toccare
tutti i giocattoli che ti pare,
quelli vecchi del tempo che fu
e quelli nuovi che piaccion di piú:
l'orso di pezza bonaccione
e l'aereoplano a reazione,
il treno elettrico e la trombetta,
il pellirossa e la bamboletta.
La Befana, siamo giusti,
sa stare alla moda e cambia i gusti.
Per fare i conti, difatti, si dice,
ha comperato la calcolatrice.

[da *Il secondo libro delle filastrocche*]

La Befana SPAZIALE

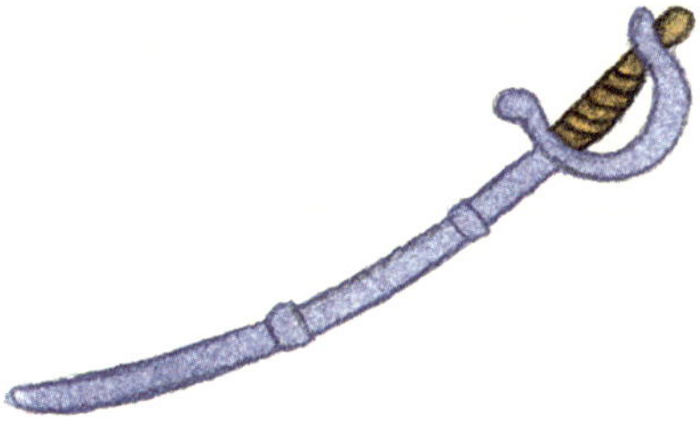

Su quel pianeta la Befana
viaggia a cavallo di un razzo
a diciassette stadi,
e in ogni stadio
c'è un bell'armadio
zeppo di doni
e un robot elettronico
con gli indirizzi dei bambini buoni.

Anzi con gli indirizzi
di *tutti* i bambini, perché
oramai s'è capito
che di proprio cattivi non ce n'è.

[da *Agente x.99: storie e versi dallo spazio*]

INDICE

Finito di stampare nel mese di settembre 2021
per conto delle Edizioni EL
presso OZGraf, Olsztyn, Polonia